THE GOOD, THE BAD & THE POET

El bueno, el malo y el poeta

Gaby Sambuccetti (1986) is an Argentine-born, UK-based writer. She holds a BA in Creative Writing from Brunel University (London) and she is a Latin American & Spanish Literature teacher (Argentina). She is the founder & managing director of a magazine & podcast called La Ninfa Eco (UK) with a team of writers & academics from Europe, the UK & Latin America. Also, she was the former Director of Events at the Oxford Writers' House (Oxford, UK) a hub that brings Oxford's universities and local community into dialogue through creative writing projects. In 2019, she was invited to the House of Lords (UK) to be part of a discussion about writing and freedom of the press. She is the author of *Glasses Love to be Broken* and *To the Knot for What it Took Away* (Argentina).
She has performed in different countries and her books, reviews, and collaborations appear in different magazines, anthologies and literary projects from Argentina, Brazil, Peru, Germany, Bolivia, the US, Mexico, Chile, Italia, Spain, Bangladesh, India, Russia & the UK.
She will start a postgraduate degree in Comparative Literature in the UK, where she has lived since 2012.

*

Gaby Sambuccetti *(Argentina, 1986) es Licenciada en Escritura Creativa por Brunel University (Londres) y profesora de literatura (Buenos Aires). Fue organizadora de eventos literarios y gubernamentales. Participó de un debate en el Parlamento Británico (Londres) sobre escritura y medios digitales durante el 2019. Fundó y dirige la revista y podcast internacional llamada* La Ninfa Eco *que cuenta con la colaboración de catorce escritores y académicos reconocidos de más de 10 países de Latinoamérica, Europa y el Reino Unido. Fue la directora de eventos literarios del grupo Oxford Writers' House (Oxford) que trabajaba con la Universidad de Oxford y distintas asociaciones editoriales del Reino Unido. Es la autora de* Al nudo lo que nos quitó *(Argentina),* Los vidrios aman quebrarse *(Latinoamérica) y* The Good, the Bad & the Poet *(Reino Unido).*
Leyó sus poemas en distintos países y sus libros, publicaciones y colaboraciones aparecen en distintas revistas y archivos literarios de Argentina, Brasil, India, México, Perú, España, Bolivia, Chile, Italia, Bangladesh, Rusia y el Reino Unido (en diferentes idiomas).
En la actualidad se prepara para realizar estudios de posgrado en Literatura Comparada en el Reino Unido, en donde está radicada desde finales del 2012.

GABY SAMBUCCETTI

The Good, The Bad &

~~my poems~~

The Poet

El bueno, el malo y el poeta

EL OJO DE LA CULTURA

2020. Derechos exclusivos de *GABRIELA SAMBUCCETTI*
Diseño Portada: *Florencia Saltamartini*
Traducción al español del autor.
ISBN 979 8694457491

Editado por
EL OJO DE LA CULTURA
www.catalogoelojo.blogspot.com
elojodelacultura@gmail.com
Tel. +44 74 2523 6501
London, UK

ACKNOWLEDGEMENTS

A number of these poems were part of my special project at Brunel University. Many thanks to my tutor, Benjamin Zephaniah, who taught me the importance of accessibility and performance in poetry.

After that initial work, the poet Mariah Whelan helped me significantly to finish this book and get ready to publish it. Special thanks to her.

I would also like to thank T M Ahmed Kaysher, Diego Estévez, and to the team at La Ninfa Eco for their support.

Thanks to my editor, teachers, friends, family and everyone involved in the publication process.

Last but not least, thanks to my cats Gandalf & Fidel.

AGRADECIMIENTOS

Estos poemas formaron parte de mi proyecto de residencia cuando estudiaba en la Universidad de Brunel (Londres). Muchas gracias a mi tutor de ese entonces, Benjamin Zephaniah, quien me enseñó la importancia de la accesibilidad en la poesía.

Después de ese trabajo inicial, la poeta Mariah Whelan me ayudó significativamente a terminar este libro y estar preparada para publicarlo. Agradecimiento especial para ella.

Me gustaría también agradecerle a T M Ahmed Kaysher, Diego Estévez, y al equipo de La Ninfa Eco *por su apoyo durante la presentación del libro.*

Muchas gracias a mis editores, profesores, amigos, familia y a todos los involucrados durante el proceso de publicación de este libro.

Por último, pero no menos importante, gracias a mis gatos Fidel y Gandalf.

Each poem of this book has the title "My [*something*]". This journey starts with descriptions, thoughts and observations of different *things*, but as a whole, it ends up being an autobiography.

*Cada poema de este libro empieza con un "Mi [*algo*]". Este camino empieza con descripciones, pensamientos y observaciones de distintas cosas, pero en su totalidad termina siendo una autobiografía.*

ÍNDICE

CONTENTS

Mis ídolos

Les voy a contar el secreto
de muchos artistas consagrados:
no merecen tu atención.

Algunos están demasiado ricos, demasiado locos,
demasiado blancos,
demasiado egocéntricos.
Incluso demasiado pedófilos o demasiado dealers.

Todos lo saben, pero muchos los siguen consumiendo,
como parejas disfuncionales de un crimen secreto.

Si seguimos usando las palabras correctas.
Si seguimos elaborando discursos perfectos…

Nadie va a ver los cuerpos.
Las piedras en sus manos.
La furia de las moscas.

Voy a tomar esa maldita flor del infierno,
y se la voy a dar a ese nene que está en el metro,
ese que me pide una moneda.

Porque él vio el disfraz.
Él sabe que esto es falso.
Él sabe.

My idols

I'll tell you the secret about those idols:
they are not worthy of your time.

They are too posh, too mad, too white,
as self-centred as f*ck.
Some of them are even dealers or paedophiles.

This is common knowledge, but everyone keeps quiet,
as dysfunctional partners in crime.

If we continue using the right words,
if we continue using the perfect speeches:

Nobody will notice the bodies,
the stones in their hands,
how upset the flies are.

I'm going to take that bloody flower from hell,
and I will give it to that boy, begging in the tube.

He knows this is fake.
He saw the fancy dress.
He knows.

Mis errores

Estoy bastante lejos de Dios,
y existo en un océano alejado
de su reino.

Tengo dientes, y pelos,
y barcos hechos
con mis huesos.

Me gusta el mar,
pero trato de no nadar.

Porque todos somos
bolsas no reciclables,
Y vamos a desaparecer pronto...

Pero nuestros errores van a seguir atrapando
y sofocando peces,
bastante tiempo después

de nuestra partida.

My mistakes

I'm far from God,
and I know
I exist oceans away from him.

I lead with my teeth
and my hair,
and my boat are my bones.

I like the sea, but I try not to swim.
Because we are all gyres full of non-recyclable mistakes.

And we soon will disappear,
but our mistakes will trap
and suffocate fish

long after we're gone.

Mi Maradona

Los poetas también juegan al fútbol y se equivocan.
También están manchados con pasto y barro.

Algunos ni siquiera reconocen a sus hijos.
No solo Maradona vivió la vida intensamente.

Pero es que el fútbol siempre fue de todos.
Y la poesía, siempre con la cabeza gacha,
pidiendo permiso.

Enterrada, como un secreto mayor, no nacional,
y poco interesante para los demás.

Yo quiero que la poesía tenga sus canciones de
cancha. Quiero hinchas que abran su piel

como una rosa blanca, rociada y perdida,
en el medio de una hinchada

gritando su nombre.

My Maradona

Poets also play football
and make mistakes.

They are also stained with grass
and mud.

Some of them don't even recognise
their own children.

Not only Maradona has lived an intense life,
but the thing is that football
always been a public matter,

and poetry always with his head down,
asking for approval,
buried as a non-national major secret.

I want a world with supporters singing our verses
at the football pitch. Verses at the field…

with supporters opening their skin
as a wet white wasted rose,

in the middle of a crowd, shouting out loud
a poem.

Mi coraje

Imagínate un cuarto lleno de gente
rechazando tus versos.
Imagínate un cuarto lleno de gente
criticando tu carrera.
Imagínate un cuarto lleno de gente riéndose
de cómo te ves.

Imagínate todo de nuevo,
pero en vez de estar en ese cuarto,
estás muerto.

Sí, ya no te importa.

My courage

Imagine a room full of people
rejecting your verses.
Imagine a room full of people
criticising your career.
Imagine a room full of people
laughing because of the way you look.

Imagine all that over again,
but instead of being in the same room,
you are now dead.

Yes, it doesn't matter anymore.

Mi ego

Nadie me acomodó en ningún lado.
No tenía amigos en mi área cuando empecé.
Colaboré en revistas en las que me invitaron.
Mi amigo se dedica a otra cosa.
Nadie me ayudó a entrar a mi trabajo
como editora, escritora, profesora, directora o gestora.
Primero crecí como poeta, después como organizadora.
No al revés.
Es bueno que sea proactiva, pero es mejor
que sea talentosa en lo que hago. Los elogios
mayoritariamente no van para a ese lado.
Todas las redes las creé.
Todos los títulos me los dieron.
La migración me la pagué.
El idioma lo aprendí.
Cada paso que di, vino siempre
acompañado de miserias.
Trabajé en la oscuridad, con viento y lluvia.

Lo que más me dolió de mi carrera: fue todo.

Y doy
explicaciones
porque
soy
mujer.

My ego

I didn't have an insider in any company,
I didn't have friends in my discipline,
I collaborated in magazines which invited me,
My friend does another thing.
No one helped me to become a writer, teacher,
editor, organiser or director.
First, I grew up as a poet, then as an organiser.
Not the other way around.
It is good to be proactive, but it's better to be talented.
Hope next time compliments go that way.
All networks have been created from zero.
All degrees have been done.
I paid for my travels and migration.
I learnt my second language by practicing it.
All the steps always had miseries around them.
I worked in the darkness, on windy and rainy days.

The most hurtful thing about my career was: everything.

Yes, I give
explanations
because
I'm
a
woman.

Mi rosa

Nos dicen que somos rosas.
Primero nos vacían y después nos tiran.

Nos volvemos la rosa de una terrible canción.

Cuando nos llaman así,
no nos dicen, por ejemplo, que muchos
de nuestros pétalos
se caen en la ducha por estrés.

No nos dicen que nuestras amigas,
son cortadas y
vendidas.

Nuestras semillas se suicidan
o se secan en
la tierra.

Vivimos en macetas que se estrellan una y otra vez.

Y las gotas de lluvia explotan en nuestras hojas verdes.
Pero resistimos: infértiles como siempre.
Dejándonos crecer las espinas.
Dejamos que nuestra esencia se eleve
en nuestros cuartos.
La dejamos que toque el techo, que se vuelva incienso.
Que se vuelva un fuego,
cocinándose a media temperatura,
en nuestras propias casas.

My rose

They tell us that we are flowers.

First, they empty us, and then,
we have to be dropped.

We become the wither rose of a terrible song.

When they tell us we are roses, they don't say,
for instance,

that some of our petals fall in the shower
because we are stressed.
They don't tell us that our friends are picked and sold,
Our bloom kills itself or gets dried at
the soil.

We live in pots that crashes once and again,

they have raindrops
exploding in our greenness.

But we stand: infertile as usual. Creating thorns,
and spreading our essence in our rooms,
we allow it to elevate itself, to reach the roof.
to transform itself in incense,
then in fire: consuming itself at a medium heat,
in our own homes.

Desde afuera la gente va a decir:
esa es la casa de la pasividad.

Van a subestimar el incendio. Siempre lo hacen.

From outside people would say:
that’s the passivity house.

They will underestimate the burning. They always do.

Mis críticos

Hay millones de críticos estudiando versos:
Y la rima, el tropo,
el τρόπος,
la sinécdoque.

Y el dinero,
las entrevistas,
el teatro.

Y la sopa,
la sopa del ego; un poco de sal,
un poco de azúcar.

Y juzgar
esto.

Hay un millón de críticos leyendo esto que se preguntan:
¿Cómo puedo arruinar este verso? Hacerlo mío.

Y Romperlo. Romperte.
Estos versos no pueden ser vistos.

Y la sopa,
¡La sopa!

Y nuestras manos incineradas,
y la sopa que se enfría,
y nuestra soledad,
y nuestras muertes.

Qué terrible, qué terrible...

My critics

There are millions of critics looking
at these verses right now:
there are rhymes, and a trope, and a synecdoche.
And money, interviews, plays.

They could make a soup of ego, mixing a bit of salt
with a bit of sugar.

They can judge this.

There are millions of critics reading this,
asking to themselves: how can I ruin this verse?
Make it mine.

Break it. Break you.

These verses can't be seen in public.

And the soup,
The soup!

Our hands are incinerated, and the soup is getting colder,

And our loneliness, and our deaths:
how terrible...
how terrible.

Mi profesión

Escribir es felicidad
cuando no estamos con un ataque de pánico en un tren
a las 6 am.

Esos ángeles de los que hablan
desde la comodidad de sus sofás,
no murieron en vano,

caídos al asfalto
con los puños raspados.

Escribir es una actividad aristócrata.
Y para empeorar las cosas,
hay que soportar ese romanticismo…
Y esos ángeles de los que hablan no murieron en vano,
atados a maderas que nadie puede levantar.

Escribir no es romántico.
Es nuestra vida,
y la pasamos mal.

Después vendrá la tragedia,
mientras se disfraza esta verdad:

Los escritores estamos desmayados sobre retazos
de lo que pudimos haber sido.

My career

Writing is happiness
When you are not on a train with a panic attack
at 6 a.m.

Those angels that everyone mentions
when they are at the sofa,
didn't die for nothing

they fell in the road
with their scraped off fists.

Writing is an aristocrat activity,
and to get things worse
we have to tolerate
that ungrateful romanticism.

Again, those angels died for nothing,
tied up to wood pieces which no one can lift.

Writing is not romantic. It is part of our lives
and we are having a bad time.

Then, tragedy will continue, while truth still behind:

Writers are fainting in odds and ends
of what we could have been.

Mi caja

Tengo una caja
enterrada en mi pecho
cubierta de polvo.

Tengo una alarma en la caja,
y suena cada vez que hay hombres
blancos, ricos,

en los estantes de esas bibliotecas.

Suena cuando un político está cantando y bailando,
y robando.

Suena cada vez que...
Suena.

Y traté de romper un lado de la caja para detenerla,
pero mis manos empezaron a temblar.

Una vez estaba en el supermercado,
pero la caja estaba vibrando:
un planeta entero sagrado
en el nombre de la industria alimenticia.

Era como un hospital lleno de cajas preparadas
con cuidado, con esmerado diseño,
pero todas sin alarmas, con sonidos en los lugares
incorrectos: cajas registradoras, puertas, mi pecho.

My box

I have a box buried
in my chest
covered with dust.

I have an alarm inside the box,
and it sounds because there are bookshelves
with wealthy white boys.

It sounds because a politician is singing
and dancing and stealing.

It sounds because
It just sounds.

And I tried to break one side of the box to stop it,
but my hands were shaking.

Once, I was at the supermarket, and the box started
[to vibrate:
an entire planet was bleeding
in the name of the food industry.

It was like a hospital full of boxes carefully prepared,
greatly designed,
and those boxes didn't have alarms.
All the alarms were in the wrong places:
tills, doors, my chest.

Estaba pálida y perdida.
Mi cuerpo no podía soportarlo.
Corría.
Iba hacia adelante, pero estaba sola.
No podía detenerla.

Todavía sigue ahí: temblando, vibrando,
buscando, revelando.

I was pale and lost, my body was unable to cope.
I ran away.
I was moving forward, but I was alone. I cannot stop it.

It is still there: ticking, trembling, seeking, revealing.

Mi vulnerabilidad

Escribo en esta oficina,
mirando a mi jefe con seguridad.
Guardo todos los archivos,
digo, una y otra vez, "Estoy bien, gracias".

Camino por un pasillo con un tubo de luz amarillento
y de bajo consumo
sobre mi cabeza.

Mañana me van a despedir
o voy a ser bulliada,
o acosada.

La frase inspiradora de mi taza dice que hoy fue bueno,
pero mañana va a ser mejor.

Mi jefe no quiere que sea fuerte como él,
pero después de haber tenido que reconstruirme,
una y otra vez,
habiendo estado tantas veces en contacto con mi dolor:
yo sé que nada es más fuerte que la vulnerabilidad.

Algunas veces,
solo quiero darme un beso
en mi propia frente
antes de quedarme dormida.

My vulnerability

Typing in this office,
looking at my boss with confidence.
Saving all these files, saying,
once and again, 'I'm good, thank you',

Walking in an aisle with a yellowish
low consumption light bulb over my head.

Tomorrow I'll be fired or bullied,
or harassed.

My inspirational mug says that today was good,
but tomorrow will be even better.

My boss doesn't want me to be strong like him,
but after having to rebuild myself, once and again,
being so many times in contact with pain:

I know that nothing is stronger than vulnerability.

Sometimes,
I just want to kiss my own forehead
before fallen asleep.

Mi certamen literario

La sentencia del jurado dura más que tus versos.

Aparentemente, mientras los novatos
tienen sueños y esperanza,
otros conocen a los ganadores de antemano.
Y ganar premios implica ganar más premios.

Y esa lluvia significa que no tienes a ningún
jurado de
tu lado.

My writing contests

The judges' prizes outlast so many verses.

Apparently, while newbies have dreams and hopes,
others already know the winners in advance.
And winning prizes means winning more prizes.

And the heavy rain means that you don't have
any judge on your
side.

Mi playa

Todos están tan preocupados por dibujar
líneas en la arena,
por planear estrategias para dividir
sus pedazos de mar…
pero cuando viene el agua,
con las primeras olas de la mañana,
todas las líneas se deshacen.

La vida es muy corta como para andar dibujando líneas
que no tienen la textura para sobrevivir.

My beach

Everyone is so focused on making lines in the sand,
planning strategies to divide their pieces of land,
but when the water comes,
with the first waves in the morning,
each line is undone.

Life is too short to draw weak lines
that don't have the texture to survive.

Mi religión

Alguien más puede llevarse tu aureola de oro.

La mayoría de los creyentes
necesitan conformarse con un revolver
debajo de su camisa
y un poco de plegaria,
para no caerse en la corriente
de un río de sangre

en el medio de esta jungla.

My religion

Someone else could take your golden halo.

The majority of believers
needs to conform themselves
with a gun under their shirt
and a bit of praying
to not be taken down
by a river of blood,
in the middle of this jungle.

Mis raíces

Uno cree que es un árbol
con raíces gruesas
conectadas a la tierra.

Creemos que la historia es nuestra propiedad.

No podemos ver la realidad: no tenemos corteza.

Si alguien nos pisa, vamos a sentir nuestro ego crujiente.

Somos menos que polvo.
Somos una hoja que cae.

Y la belleza está escondida
en la manera en la que caemos.

My roots

We believe we are
a tree with wide roots
connected to our soil.

That history is our property.

We think our wood is a war horse.

We are unable to see the truth:
we don't have a crust.

If someone steps on us, we will feel our egos crunching.

We are less than dust.
We are just a falling leaf.

And our beauty is hidden in the way we fall.

Mi final

El final es el corazón de los versos.
Es el arte de bajar el volumen.

Si el espectáculo valió la pena,
deberías estar de alguna forma involucrado:
porque ahora somos amigos,
despidiéndonos.

Espero ser más que una hoja gris de la calle,
caída y pisada,
y a punto de dejar de ser visible en tu vida.

Esto es el final.
Adiós.

My endplay

The end is the heart of the book.

It is the art of lowering the volume.

If the spectacle is worth the attention:
now you should be somehow attached,

because we are friends,
and this is our farewell.

I hope to be more than a grey leaf on the street,
overthrown, and about to cease to be visible
in your life.

This is it.
Good bye.

OTROS TÍTULOS DE POESÍA DE EDICIONES EL OJO DE LA CULTURA

Alba; Xaviera Ringeling

Veinte epígrafes para un álbum familiar (bilingüe);

Enrique D. Zattara

El combate, Pablo Yupton

The passer-by (bilingual); Gabriel Moreno

Tempestades; Alfonso Montilla

Todas las voces, todas; Antología Leyendo Poesía In London

Mientras tanto; Patricia Cardona

Oscilaciones; Florindo Mudender

Nuevos modos de ser en cocinas diferentes; Luis Elvira-Sierra

Inevitable adiós (bilingüe); Francisco Fabián Álvarez

El palacio de hule; Paula Natalizio

Antología; Lujurias y musas

Ocurrencias y recurrencias; Juan Toledo

Muros; Gabriel Reig

Más información: *www.catalogoelojo.blogspot.com*

Printed in Poland
by Amazon Fulfillment
Poland Sp. z o.o., Wrocław